Fernanda Bu-Harb

DECISÕES INTELIGENTES

Business Intelligence!

"Como a BI Transforma Negócios e Constrói o Futuro".

Carta da Autora

Caro Leitor,

É com grande entusiasmo que apresento a você meu livro, "Decisões Inteligentes: O Poder do Business Intelligence". Neste livro, mergulho no fascinante universo da Inteligência de Negócios (Business Intelligence - BI), uma ferramenta essencial para transformar dados brutos em insights valiosos que orientam a tomada de decisões informadas e estratégicas.

O tema central deste livro é como o BI pode ser utilizado para melhorar a eficiência operacional, personalizar a experiência do cliente e identificar novas oportunidades de mercado. Através de uma abordagem prática e acessível, ofereço técnicas avançadas de análise de dados, ferramentas de visualização poderosas e métodos robustos de governança de dados. Tudo isso para ajudar você a transformar dados em decisões inteligentes que impulsionam o crescimento sustentável da sua empresa.

Ao longo das páginas, compartilho casos de sucesso de gigantes como Netflix, Magazine Luiza e Nubank, mostrando como essas empresas líderes utilizam o BI para entender seus clientes, otimizar operações e prever tendências de mercado. Também exploro a integração de tecnologias emergentes, como blockchain e computação quântica, que prometem revolucionar a precisão e a segurança da análise de dados.

Carta da Autora

Mais do que um livro, "Decisões Inteligentes" é uma ferramenta indispensável para empresários, gestores e profissionais que desejam dominar a arte de tomar decisões estratégicas e informadas. Meu objetivo é equipar você com os conhecimentos e habilidades necessárias para identificar oportunidades, minimizar riscos e garantir um crescimento sustentável para o seu negócio.

Estou confiante de que este livro proporcionará uma vantagem competitiva duradoura e ajudará a transformar o futuro do seu negócio. Agradeço por embarcar nesta jornada comigo e espero que você encontre inspiração e orientação nas páginas a seguir.

Com os melhores cumprimentos,

Fernanda Bu-Harb.

Índice

Introdução

Nos dias de hoje, viver na era da informação significa estar imerso em um mar de dados e insights. A Inteligência de Negócio (BI) emerge como a bússola que orienta empresas em suas jornadas, transformando dados brutos em decisões estratégicas e assertivas. Neste contexto dinâmico, entender como navegar nesse universo é essencial para qualquer profissional que busca não apenas sobreviver, mas prosperar no ambiente competitivo atual. Este livro é seu guia para desbravar esse território e se tornar um protagonista na transformação digital.

Neste cenário, a capacidade de unir análise de dados com criatividade e inovação se torna um diferencial competitivo inegável. A cada dia, novos conceitos como analytics preditivo, machine learning e visualização de dados ganham força, moldando a forma como as organizações pensam e atuam. A proposta deste livro é aprofundar-se nessas tendências, proporcionando ferramentas e estratégias práticas para que você possa aplicar a BI de maneira eficaz, elevando seu desempenho e o de sua empresa.

Além disso, a construção de relacionamentos sólidos e networks confiáveis é mais crucial do que nunca. A forma como nos apresentamos e interagimos pode abrir portas para oportunidades inesperadas. Ao longo deste livro, exploraremos como desenvolver uma presença marcante e autêntica no mercado, preparando o terreno para parcerias duradouras que potencializam o seu sucesso.

Prepare-se para uma jornada que combina teoria e prática, revelando não apenas os conceitos fundamentais da Inteligência de Negócio, mas também as melhores práticas e casos de sucesso que inspiram a aplicação dessas ideias. Ao final, você estará equipado com o conhecimento necessário para não apenas tomar decisões informadas, mas também liderar mudanças significativas em seu ambiente de negócios.

Introdução à Inteligência de Negócio

O que é Inteligência de Negócio?

A Inteligência de Negócio, ou Business Intelligence (BI), é o processo de coleta, análise e transformação de dados brutos em informações valiosas para os negócios. É a ferramenta que permite que empresas tomem decisões mais informadas e estratégicas, baseadas em dados concretos.

Um exemplo claro da aplicação de BI é no setor de varejo. Imagine uma rede de lojas que utiliza o BI para analisar os padrões de compra de seus clientes. Com essa ferramenta, a empresa consegue identificar quais produtos têm maior demanda em determinadas épocas do ano, permitindo otimizar o estoque e evitar rupturas ou excesso de mercadorias. Além disso, é possível personalizar ofertas e promoções de acordo com o perfil de compra de cada cliente, aumentando a satisfação e a fidelidade do consumidor.

No setor financeiro, a BI é fundamental para a gestão de riscos e a previsão de tendências. Bancos e instituições financeiras utilizam ferramentas de BI para monitorar transações em tempo real, identificando comportamentos suspeitos que possam indicar fraudes. Ao analisar históricos de crédito e padrões de pagamento, essas instituições também conseguem prever inadimplências e ajustar suas políticas de crédito de forma mais assertiva, minimizando perdas e maximizando lucros.

Empresas de manufatura utilizam a BI para melhorar a eficiência operacional.

Por exemplo, uma fábrica pode coletar dados de suas máquinas e processos de produção para identificar gargalos e ineficiências. Com a análise desses dados, a empresa pode implementar melhorias que reduzam o tempo de inatividade das máquinas, aumentem a produtividade e diminuam os custos operacionais. Além disso, é possível prever falhas em equipamentos e programar manutenções preventivas, evitando paradas inesperadas na produção.

A importância da Inteligência de Negócio no Mundo Atual

Vivemos em um mundo onde os dados são produzidos em uma velocidade sem precedentes. A capacidade de analisar esses dados e extrair insights significativos é o que diferencia empresas bem-sucedidas das demais. A Inteligência de Negócio é crucial para identificar oportunidades, prever tendências e, principalmente, tomar decisões acertadas que impulsionem o crescimento.

Além disso, a BI permite que as empresas sejam mais ágeis e adaptáveis. No cenário competitivo atual, onde as mudanças ocorrem rapidamente, ter acesso a informações precisas e em tempo real é essencial. A BI fornece a capacidade de reagir prontamente a novas oportunidades e desafios, garantindo que as empresas permaneçam relevantes e competitivas. Com a BI, as organizações podem melhorar a eficiência operacional, otimizar processos e aumentar a satisfação dos clientes, resultando em uma vantagem competitiva sustentável.

Coleta e Análise de Dados

O primeiro passo na Inteligência de Negócio é a coleta de dados. Esses dados podem vir de várias fontes, como transações de vendas, interações com clientes, redes sociais e muito mais. A análise desses dados é o que transforma informações brutas em insights úteis.

Ferramentas e Tecnologias Essenciais

Existem diversas ferramentas e tecnologias disponíveis para BI, como Tableau, Power BI, e QlikView. Essas ferramentas ajudam a visualizar dados, criar relatórios interativos e dashboards que facilitam a tomada de decisões.

Implementação de sistemas de BI

A implementação de um sistema de BI requer um planejamento meticuloso e uma compreensão clara das necessidades específicas da empresa. É essencial realizar uma análise de requisitos detalhada, definir KPIs (Key Performance Indicators) precisos e selecionar ferramentas que ofereçam funcionalidades avançadas de data mining, ETL (Extract, Transform, Load) e dashboards interativos. Treinar a equipe em técnicas de análise de dados e visualização é crucial para garantir que todos os stakeholders possam interpretar e utilizar os insights gerados de maneira eficaz, facilitando a tomada de decisões estratégicas e data-driven.

Princípios Éticos e Tomada de Decisões

Lealdade aos seus princípios

No mundo dos negócios, é fácil ser levado pela pressão de resultados rápidos e decisões lucrativas. No entanto, manter-se leal aos seus princípios é essencial. A integridade não deve ser comprometida por ganhos de curto prazo.

Empresas que valorizam a ética e a transparência constroem uma reputação sólida e de confiança, que é crucial para a sustentabilidade a longo prazo. Clientes, parceiros e colaboradores respeitam e preferem trabalhar com organizações que demonstram compromisso com valores sólidos. A lealdade aos seus princípios, portanto, não é apenas uma questão de moralidade, mas também uma estratégia inteligente para garantir a continuidade e o sucesso duradouro do seu negócio.

Integridade Pessoal no Mundo dos Negócios

A integridade pessoal é um dos pilares da Inteligência de Negócio. Tomar decisões que estão alinhadas com os seus valores pessoais e éticos garante não apenas sucesso a longo prazo, mas também respeito e confiança no mercado.

Embora seja ideal esperar integridade e ética de futuros parceiros de negócios, a realidade muitas vezes mostra o contrário. Estabelecer suas decisões de acordo com seus princípios não apenas facilita a identificação e a gestão de posturas não éticas por parte de clientes ou parceiros, mas também fortalece sua posição e resiliência. Manter-se fiel aos seus valores permite uma visão mais crítica e atenta, especialmente em relação às cláusulas de negociação, garantindo que você esteja sempre preparado para se proteger contra possíveis abusos ou deslealdades. Ao agir com integridade, você não só constrói uma reputação sólida, mas também cria uma base mais segura e confiável para suas transações e parcerias.

Construção de Relações e Parcerias de Negócio

A Importância do Primeiro Contato

A primeira impressão é crucial nos negócios. Desde o primeiro contato, seja em uma reunião ou em uma apresentação, é essencial transmitir profissionalismo e integridade.

Construir uma sólida reputação desde o início facilita o estabelecimento de networks confiáveis que podem endossar a excelência da sua expertise. A habilidade de causar uma boa primeira impressão abre portas para futuras oportunidades, pois as pessoas tendem a lembrar e confiar em profissionais que demonstram competência e ética logo de cara. Estabelecer uma rede de contatos sólida e confiável não só amplia suas chances de sucesso, mas também proporciona um sistema de apoio valioso onde outros podem atestar sua capacidade e integridade. Essas conexões são fundamentais para o desenvolvimento de parcerias estratégicas e para a construção de um legado duradouro no mundo dos negócios.

Negócios e parcerias: começando com a apresentação

Negócios e parcerias muitas vezes começam sem um propósito definido, simplesmente pela maneira como nos apresentamos e interagimos com os outros. Cultivar boas relações desde o início abre portas para futuras oportunidades. Em um mundo onde networking e construção de relacionamentos são cruciais, a forma como nos conectamos com as pessoas desde o primeiro momento pode ser determinante. Demonstrar autenticidade, empatia e profissionalismo são qualidades que estão em alta no cenário atual de negócios.

Construção de Relações e Parcerias de Negócio

Além disso, adotar técnicas de storytelling para contar a sua trajetória e destacar suas competências pode tornar suas interações mais memoráveis. A utilização de plataformas digitais e sociais também desempenha um papel fundamental na construção da sua presença e reputação no mercado. Estar atento às tendências de personal branding e marketing pessoal pode potencializar suas apresentações, garantindo que você seja lembrado de maneira positiva e que oportunidades de negócios surjam de interações aparentemente casuais.

A construção de uma rede de contatos forte e confiável depende de uma comunicação eficaz e da capacidade de criar conexões genuínas. Participar de eventos do setor, seja presencialmente ou virtualmente, é uma excelente maneira de expandir seu círculo profissional e manter-se atualizado com as tendências do mercado. Ao interagir com outros profissionais, é importante ouvir ativamente e mostrar interesse genuíno nas experiências e opiniões dos outros. Isso não apenas fortalece as relações, mas também pode proporcionar insights valiosos que podem ser aplicados ao seu próprio negócio. Além disso, o uso de plataformas de networking, como LinkedIn, pode ser uma ferramenta poderosa para manter essas conexões ativas e visíveis.

No entanto, não basta apenas fazer uma boa apresentação inicial; a consistência ao longo do tempo é essencial. Manter contato regular, oferecer ajuda e valor sempre que possível, e mostrar gratidão e reconhecimento são práticas que solidificam as relações. A reputação construída através dessas interações frequentes é um ativo inestimável no mundo dos negócios.

Tomada de Decisões baseada em Dados

Decisões baseadas em dados são mais precisas e confiáveis. Em vez de se basear em intuições ou achismos, a BI proporciona uma base sólida para decisões estratégicas. É fundamental que essas decisões não comprometam a integridade pessoal ou da empresa.

Embora os dados sejam fundamentais para minimizar riscos e orientar decisões estratégicas, a avaliação humana é essencial para ajustar negociações e tomar decisões finais. Os dados fornecem uma base exata, mas é o discernimento humano que traz a nuance necessária para adaptar-se a contextos específicos e dinâmicos. Acordos e parcerias são, felizmente, fechados entre pessoas e não entre robôs, permitindo que valores, emoções e intuições influenciem positivamente os resultados. A combinação da precisão dos dados com a sabedoria e ética humanas resulta em decisões mais equilibradas e sustentáveis.

No contexto atual, onde termos como "inovação", "transformação digital" e "resiliência" estão em alta, é essencial lembrar que a inteligência emocional e a empatia também são fundamentais na tomada de decisões. A análise de dados oferece insights poderosos, mas a capacidade de entender e conectar-se com as pessoas faz toda a diferença. Isso significa levar em conta o contexto cultural, as expectativas e os desejos dos stakeholders. Incorporar a perspectiva humana nas decisões baseadas em dados não só otimiza os resultados, mas também fortalece a confiança e a colaboração dentro das equipes e com os parceiros de negócios. Em um mundo cada vez mais orientado por tecnologia, manter a humanidade no centro das decisões é a chave para o sucesso sustentável.

Estratégias de BI e o Futuro

Desenvolvimento de Estratégias Eficazes

Para desenvolver estratégias eficazes de BI, é crucial começar com uma compreensão profunda do mercado em que se atua. Isso envolve não apenas analisar tendências e padrões de consumo, mas também compreender as necessidades e comportamentos dos clientes. Utilizar ferramentas de análise de mercado pode ajudar a identificar oportunidades e ameaças, permitindo que as empresas adaptem suas estratégias de BI de acordo.

Definir objetivos claros é outro passo essencial. Metas bem delineadas ajudam a orientar o processo de coleta e análise de dados, garantindo que os esforços de BI estejam alinhados com os objetivos de negócio. Isso pode incluir aumentar a eficiência operacional, melhorar a experiência do cliente, ou identificar novas oportunidades de mercado.

A escolha das ferramentas e métodos corretos é fundamental para o sucesso das estratégias de BI. Ferramentas de visualização de dados, como Tableau e Power BI, podem transformar dados brutos em insights acionáveis. Métodos de análise, como a análise preditiva e a mineração de dados, permitem que as empresas antecipem tendências e tomem decisões informadas.

É vital garantir a qualidade e a integridade dos dados utilizados. A implementação de processos de governança de dados, como a padronização e a limpeza de dados, assegura que as informações sejam precisas e confiáveis. Isso é essencial para evitar decisões baseadas em dados imprecisos, que podem levar a resultados indesejáveis. Com uma base sólida de dados de qualidade, as organizações podem realizar análises mais detalhadas, identificar correlações significativas e desenvolver modelos preditivos robustos que suportem uma tomada de decisão estratégica e eficiente.

Estratégias de BI e o Futuro

A implementação dessas estratégias exige um planejamento cuidadoso e uma execução precisa. Isso inclui a integração de sistemas de BI com outras plataformas de negócios, como CRM e ERP, para garantir uma visão holística dos dados. Além disso, é essencial treinar a equipe para utilizar essas ferramentas de maneira eficaz, promovendo uma cultura de tomada de decisão baseada em dados.

Finalmente, monitorar e ajustar as estratégias de BI é crucial para garantir seu sucesso contínuo. Isso envolve a análise regular de KPIs e a realização de ajustes conforme necessário para responder a mudanças no mercado ou nos objetivos de negócio. A flexibilidade e a capacidade de adaptação são fundamentais para manter as estratégias de BI relevantes e eficazes.

Casos de sucesso em Inteligência de Negócio

Estudar casos de sucesso pode fornecer insights valiosos sobre como outras empresas utilizaram a BI para alcançar seus objetivos. Por exemplo, a Amazon utiliza BI para personalizar a experiência do cliente, recomendando produtos com base em históricos de compras e padrões de navegação. Esse uso estratégico de dados contribuiu significativamente para o sucesso da empresa no e-commerce.

Outro exemplo é a Starbucks, que utiliza BI para otimizar suas operações e melhorar a experiência do cliente. A empresa analisa dados de vendas e preferências dos clientes para desenvolver novas ofertas de produtos e ajustar suas estratégias de marketing. Isso não apenas aumenta as vendas, mas também fortalece a lealdade dos clientes.

Estratégias de BI e o Futuro

A Netflix é outro caso exemplar de sucesso em BI. A empresa utiliza dados de visualização e preferências dos usuários para criar conteúdo original que ressoe com seu público. Essa abordagem baseada em dados permitiu que a Netflix se tornasse um líder no setor de streaming de vídeo, oferecendo uma experiência altamente personalizada.

No Brasil, o Magazine Luiza é uma referência em utilização de BI para otimização de operações e estratégias de marketing. A empresa coleta e analisa dados de comportamento de seus clientes, transações e preferências de compra, permitindo a criação de campanhas de marketing direcionadas e uma melhor gestão de estoque. Isso resultou em um aumento significativo das vendas e na fidelização de clientes, demonstrando o poder da BI em grandes varejistas.

Outro exemplo brasileiro é o Nubank, que utiliza BI para aprimorar sua oferta de serviços financeiros. A empresa analisa dados de transações e comportamento dos clientes para personalizar produtos e serviços, detectar fraudes e melhorar a experiência do usuário. Essa abordagem data-driven permitiu ao Nubank se destacar como uma das fintechs mais inovadoras e bem-sucedidas do país, com uma base de clientes crescente e satisfeita.

Empresas menores também podem se beneficiar do uso estratégico de BI. Por exemplo, uma pequena rede de restaurantes pode utilizar dados de vendas e feedback de clientes para identificar pratos populares e ajustar seu menu em conformidade. Isso pode levar a um aumento nas vendas e na satisfação dos clientes, demonstrando que BI não é apenas para grandes corporações.

Estudar esses casos de sucesso pode servir de inspiração e guia para a implementação das suas próprias estratégias de BI. Aprender com as experiências de outras empresas pode ajudar a evitar armadilhas comuns e identificar práticas recomendadas que podem ser adaptadas à sua própria organização.

Tendências Emergentes e Preparação para o Futuro

O campo da BI está em constante evolução, com novas tecnologias e métodos emergindo continuamente. Uma das tendências mais significativas é o uso de inteligência artificial (IA) e aprendizado de máquina (ML) para melhorar a análise de dados. Essas tecnologias permitem que as empresas identifiquem padrões complexos e façam previsões mais precisas, melhorando a tomada de decisões.

A análise preditiva é outra tendência importante. Utilizando algoritmos avançados, as empresas podem prever comportamentos futuros e tendências de mercado com maior precisão. Isso pode ajudar a antecipar a demanda por produtos, identificar riscos potenciais e oportunidades de mercado, e ajustar estratégias de negócios de forma proativa.

Dispositivos conectados geram grandes volumes de dados em tempo real, que podem ser analisados para obter insights sobre o desempenho de produtos, padrões de uso e manutenção preditiva. Isso permite que as empresas otimizem suas operações e ofereçam produtos e serviços mais personalizados.

Para se preparar para o futuro da BI, é fundamental estar sempre atualizado com as últimas tendências e inovações. Participar de conferências e workshops, ler publicações especializadas e conectar-se com outros profissionais da área pode ajudar a manter-se informado sobre as últimas novidades. Além disso, investir em formação contínua e em novas tecnologias é crucial para manter-se competitivo.

Tendências Emergentes e Preparação para o Futuro

Finalmente, a integração de BI com outras tecnologias emergentes, como blockchain e computação quântica, pode oferecer novas oportunidades para melhorar a precisão e a segurança da análise de dados. Essas tecnologias estão apenas começando a ser exploradas, mas têm o potencial de revolucionar a BI nos próximos anos, oferecendo novas formas de coletar, armazenar e analisar dados.

Para continuar sua jornada no mundo dos negócios e explorar como essas inovações podem ser aplicadas de forma prática e estratégica, convido você a ler meu próximo livro. Nele, abordarei como integrar essas tecnologias emergentes à Inteligência de Negócio e como elas podem transformar profundamente suas estratégias empresariais. Com insights detalhados e exemplos práticos, você estará preparado para antecipar tendências, otimizar processos e manter sua empresa na vanguarda da inovação. Não perca a oportunidade de se preparar para o futuro e impulsionar o sucesso de seus empreendimentos com as ferramentas e estratégias mais avançadas.

Além disso, aprofundarei a discussão sobre como criar uma cultura organizacional voltada para a inovação e o uso inteligente dos dados, capacitando sua equipe para aproveitar ao máximo essas novas tecnologias. Exploraremos casos de sucesso de empresas que já estão na vanguarda dessas mudanças e forneceremos um guia passo a passo para implementar essas práticas em sua própria organização. Prepare-se para transformar seu negócio e levar sua carreira a novos patamares com os conhecimentos e habilidades adquiridos em nosso próximo encontro literário.

À medida que chegamos ao fim deste livro, fica evidente que a Inteligência de Negócio é uma ferramenta indispensável para qualquer organização que busca se destacar no mercado competitivo atual. Através da coleta, análise e interpretação de dados, as empresas podem tomar decisões mais informadas e estratégicas, garantindo uma vantagem competitiva sustentável. No entanto, a eficácia da BI não se resume apenas a tecnologia e números; ela está profundamente entrelaçada com a ética, a integridade e a capacidade humana de interpretar e aplicar esses insights de maneira prática e responsável.

É crucial lembrar que, apesar do poder dos dados, a avaliação humana continua sendo insubstituível. O discernimento e a intuição, aliados ao conhecimento e à experiência, permitem ajustar as estratégias de acordo com contextos específicos e dinâmicos. Ao combinar a precisão dos dados com a sensibilidade humana, as empresas conseguem tomar decisões mais equilibradas e eficazes. Essa abordagem híbrida maximiza os benefícios da BI, ao mesmo tempo que mantém a humanidade e a ética no centro das decisões empresariais.

O futuro da Inteligência de Negócio promete ainda mais avanços com a integração de tecnologias emergentes como inteligência artificial, aprendizado de máquina e análise preditiva. Manter-se atualizado com essas tendências e investir em formação contínua é essencial para qualquer profissional que deseja se manter relevante e competitivo. Além disso, a construção de uma rede de contatos sólida e confiável continua sendo uma peça-chave para o sucesso nos negócios. A capacidade de apresentar-se de maneira autêntica e construir relações de confiança desde o primeiro contato pode abrir inúmeras portas e criar oportunidades valiosas.

Por fim, este livro visa não apenas fornecer um guia prático sobre BI, mas também inspirar uma abordagem ética e centrada no ser humano para a tomada de decisões. Em um mundo onde a tecnologia avança rapidamente, é fundamental não perder de vista os valores e princípios que orientam nossas ações. Ao equilibrar dados com discernimento humano e ética, estamos construindo um futuro onde as empresas não só prosperam, mas também contribuem positivamente para a sociedade. Que este livro sirva como um recurso valioso para todos que desejam navegar com sucesso pelo complexo e fascinante mundo da Inteligência de Negócio.

www.ingramcontent.com/pod-product-compliance
Ingram Content Group UK Ltd.
Pitfield, Milton Keynes, MK11 3LW, UK
UKHW061826190726
13853UKWH00009B/2448

9 786526 624227